꽃이 지면 꽃만 슬프랴

동길산 시집

시인동네 시인선 106

동길산 시집

꽃이 지면 꽃만 슬프랴

시인동네

시인의 말

방문을 열면 저 아래 저수지 물안개
마당 높다란 감나무 새소리

낮아도 낮지 않고
높아도 높지 않은

2019년 봄, 어실마을 촌집에서
동길산

차례

제2부

제3부

제4부

제1부

자연(自然)

옥편에는 自란 한자가
애초 사람 코를 뜻했다지만
그게 다는 아닐 것이다
새의 깃털과 사람 눈이 맞닿을 만큼 가까워도
새는 달아나지 않고
사람은 붙잡지 않는
자연 그대로를 말한 한자는 아니었을까
손바닥에 땅콩을 놓을 때마다
낚아채는 새를 TV에서 보며
새의 깃털과 사람 눈이 저렇게도 가까워지는구나
한자를 처음 만들던 그때나
컬러TV가 나오는 지금이나
자연 아닌 데가 없는데
나는 멀어도 한참은 멀었구나
손바닥에 놓인 땅콩을 낚아채기는커녕
다가가기만 하면 달아나
나이 쉰이 넘도록
나는 근처도 가보지 못한 自然

사람의 하루

'사람은 하루도 서서 지내지 못하는데
나무는 한평생을 서서 지낸다'
흔히 그렇게들 말하지만
가기 싫어도 가야 하고
눕고 싶어도 눕지 못하는
사람의 하루는
나무의 한평생보다 결코 가볍지 않다
나무는 아무리 껴안아도
사람이 따뜻해지지 않지만
사람은 껴안는 즉시
사람이 가진 온기가 전해진다
속살 딴딴한 나무는 더디게 자란다
나무는 더디게라도 자라지만
어느 시기 지나면 자라지 않는 사람은
그 속살이 얼마나 딴딴할 것인가
나무의 한평생도 장하지만
나무만큼이나 장한
사람의 하루

비인간

새가 내는 소리를 알아듣고
새에게 말을 붙일 수 있다면
해 뜨기 전에 삼십 분
해 지고 나서 삼십 분
서서 있거나
앉아서 있거나
손가락 하나 까닥하지 않겠네
눈이 마주친 새가 마음을 놓을 때까지
나무처럼 있겠네
나무에 딸린 가지처럼 있겠네
참다가 참다가 삼십 분 다 돼서
목울대 다 보이게 말을 붙이는 새처럼
나도 목울대 다 보이며 말 붙이고 싶네
아침에 삼십 분 저녁에 삼십 분
새도 이상해서
두 눈 말똥말똥 뜨고 갸웃대는
사람 아닌 사람이 되고 싶네

낙법

감나무에서 잎이 떨어지는데
군더더기 없이 수직으로 떨어지는 잎이 있고
바람을 타고 나무의 그늘을 벗어나는 잎이 있다
어느 잎이나 떨어지는 동작은 깔끔해서
잎끝 하나 다치지 않는다
잎이 나서 넓어지고 두툼해지는 한 생애
잎이 진정으로 되고자 했던 건
넓고 두툼한 잎이 아니라
마를 대로 마르고
얇을 대로 얇아서
가장 가벼워진 잎이 아니었을까
한 생애 가졌던 무게를 버릴 만큼 버려
잎 떨어져 부딪치는 데가
덜 아프기를 바란 게 아닐까
나무가 헐거워지는 날
아무리 많은 잎이 떨어져도
잎끝 하나 다치지 않고
부딪치는 소리 한번 들리지 않는다

나는 도저히 따라 하지 못할
잎들의 낙법

나는 왜

새는 어디서 죽는 걸까
어디서 죽길래
내 눈에는 산 새만 보이는 걸까
생각하고 또 생각해도
산 새만큼 죽은 새도 많을 텐데
나는 왜 죽은 새는 보지 못하는 걸까
아득히 날아가 소멸하는 새
허공을 부단히 파고들어선
갈라진 허공 양쪽을 스스로 여며
그 안에 꼭꼭 숨는구나
생각하고 또 생각해도
보이는 새만큼
보이지 않는 새도 많을 텐데
나는 왜 보이는 새만 보는 걸까
멀리서 보면 소멸하기 직전의 아득한 이곳
잎 다 떨군 가지 붙들고
새는 숨넘어갈 듯 오열해대는데

새는

새는
날면서 더 많이 울까
앉아서 더 많이 울까
그런 생각이 든 건
새가 이미 떠난 뒤
새처럼
당신이 떠난 뒤

감나무 요가

나무도 좀이 쑤신 것이다
감 따느라 집적이는 걸 빌미로
민짜 가지를 슬쩍슬쩍 구부리기도 하고
나무 타는 사람에게 바짝 달라붙어
가만히 있어 쥐가 나는 몸통을
아래위 풀기도 하는 것이다
홍시는 홍시대로 좀이 쑤셔서
집적이건 말건 떨어져 나가는 것이다
나무에서 새어 나온 그늘은
나무의 속마음
나무의 마음을 읽고서
그늘은 잠시도 가만히 있지 않고
나무 그늘을 따라가느라
하늘의 해 역시
잠시도 가만히 있지 않는 것이다
한 자세로 하는 요가
어느 나문들 못하겠나 싶은데
나무에서 홍시까지

좀이 번질 대로 번져서
그늘도 가만히 있지 않고
해도 가만히 있지 않는
감나무 요가

어느 꽃도 어느 잎도

아무렇게나 피는 것처럼 보이는 꽃도
꽃이 필 때는 생각하고 생각해서 피고
아무렇게나 피는 것처럼 보이는 잎도
잎이 필 때는 생각하고 생각해서 핀다
무엇을 보일지 생각하면서 피고
어떻게 보일지 생각하면서 핀다
어느 꽃도 아무렇게 피는 꽃이 없고
어느 잎도 아무렇게 피는 잎이 없다

아무렇게나 지는 것처럼 보이는 꽃도
꽃이 질 때는 생각하고 생각해서 지고
아무렇게나 지는 것처럼 보이는 잎도
잎이 질 때는 생각하고 생각해서 진다
무엇을 보였는지 생각하면서 지고
어떻게 보였는지 생각하면서 진다
어느 꽃도 아무렇게 지는 꽃이 없고
어느 잎도 아무렇게 지는 잎이 없다

꽃잎의 막

꽃잎에는 꽃잎보다 얇은
꽃잎의 막이 있다
누군가의 막이 된다는 건
그 누군가보다 얇아진다는 것
그대보다 얇아지지 않고서
내 어찌 그대의 막이라 하리
얇아도 얇지 않은 꽃잎과
꽃잎보다 얇은 꽃잎의 막

새는 왜 우는가

새벽에 새는 운다
어둠과 밝음
그 경계에서 새는 운다
얼마나 울어대는지
우는 소리에 콕콕콕 쪼여
경계는 금방이라도 끊어질 듯 달랑거린다
나뭇가지 또는 새 둥지
사람이 보는 것보다
더 높은 데서 보고
사람이 보는 것보다
더 멀리 보는 새
새 우는 소리가
어쩌다 한번
아주 어쩌다 한번
참고 참다 어쩌다 한번 우는 사람에게 스민다
살아가는 하루하루가
어둠과 밝음
그 경계인 사람에게 스민다

스며들어 경계를 콕콕콕 쫀다
새 우는 소리가
끈끈한 거미줄을 뚫고 지상에 닿는
컴컴한 거미줄을 지나 지상에 닿는
이 세상 모든 새벽
이 세상 모든 경계

하세월

저기 저 풀잎
언제쯤에나 나를 보면 붉어지려나
하세월
저기 저 사람
언제쯤에나 나를 보면 붉어지려나
하세월

창백한 꽃잎

침을 맞을 때보다
침을 맞는다는 생각이
더 아플 때가 있다
꽃이 진 것보다
꽃이 진다는 생각이
더 아플 때가 있다
맥을 짚어 찔러 넣은 침처럼
벚나무 아래
점점이 놓인 꽃잎들
나무에 남은 꽃잎을 보는 일은
또 얼마나 아픈 일이냐
또 얼마나 창백한 일이냐
곧 질 듯 창백한 꽃잎들
벚나무 아래
점점이 놓인 꽃잎들

날갯짓

아무도 없는 저수지 둑길을
양팔 벌려서 아래위로 흔들며 걷는다
잘 안 쓰던 근육을 쓰는 거라서
양팔을 아래위로 흔드는 게
생각만큼 쉽지가 않다
스무 번 서른 번을 근근이 채우더니
나중에는 팔을 들 힘조차 빠진다
마음 같아서는
오십 번도 채우고
백 번도 채우고 싶지만
근육이 뭉쳐 팔이 축 늘어진다
하늘을 나는 새들은
도대체 몇 번을 채우고서
저수지 둑길 열 배가 훨씬 넘는 거리를
아무렇지 않게 넘어갔다가
아무렇지 않게 넘어오는가
양팔 아래위로 흔들며 걷다가도
사람이 오면 팔 내리는 나에게 보이려는지

혼자 날든 다른 새 함께 날든
단 한 순간도 날개를 접지 않는
고수의 저 날갯짓

강물 벚꽃

나무에 있을 때는 높이가 다 다르던 꽃잎이
나무를 버리면서 같은 높이가 되어
강물이 서면 함께 서고
강물이 흐르면 함께 흐른다
나무에 있을 때만큼 환하지는 않으나
구부린 데라곤 없이
생긴 그대로 드러내는 꽃잎 한 잎 한 잎
먼저 떨어진 꽃잎은
나중 떨어진 꽃잎을 받치고
나중 떨어진 꽃잎은
먼저 떨어진 꽃잎에 포개어
나무에 있을 때는
바라보기만 하던 곳으로 나아간다
나무에 있을 때는 내내 흔들렸지만
평온을 얻은 듯 묵묵히 나아가는
강물 벚꽃 한 잎 한 잎
더이상 높지는 않으나
더이상 낮지도 않은

노을

나무는 자기가 단풍드는 걸 알까
제 몸 물기 서서히 빠져나가
마지막 순간의 절정이
단풍이란 걸 알까
단풍든 잎 스스로 떨어지는
바람 불지 않는 저녁
저걸 주워야 하나 말아야 하나
물끄러미 바라보는 나의 저녁
이 나무 저 나무
새소리 번지는 하늘
발갛다

텃밭에서

땅을 파면
파는 만큼 나오는 텃밭의
크고 작은 돌
큰 돌은 큰 돌대로 모아 담을 세우고
작은 돌은 큰 돌 사이사이 끼운다
지금은 돌뿐인 저기에도
밤이 스미고 아침이 스미기를
수천수만 번
딱딱한 돌 틈에서 보드라운 풀은 피어나리라
나와 나 아닌 것 사이에 가로놓인 담
누구도 아닌 내가 세운 담이었으니
수천수만의 밤과 아침은 이미 지나갔으나
보드라운 풀은 어디에도 피우지 못하고
지금도 돌뿐인 내 안
날은 저물고 이제는
파여서 울퉁불퉁한 땅을 고르듯 숨을 고르며
너무 깊게 들어간
내 안의 삽을 거둬야 할 시간

큰 돌과 함께

작은 돌과 함께

땅을 파면서 딸려 나온 흙뿌리는

아무렇게나 던져도 던지는 족족 바로 선다

홍시

—고현철을 그리며

얼마나 아팠을까 저 홍시
너를 떨어뜨린 게
너 꽉 찬 안이냐
너 텅 빈 바깥이냐

홍시 떨어진 거기
봄이면 감꽃 아무리 덮은들
얼마나 무서웠을까 저 홍시

제2부

꽃 진 자리

꽃이 지면
꽃만 슬프랴
남 보는 데선 참아 그렇지
속울음 안으로 삼켜
꽃 진 자리
퉁퉁 부어올라 있다
등 돌리면
금방 터질 것 같다
남 보는 데선 애써 참느라
이파리마다 힘줄
시퍼렇다

잎인지 꽃인지

잎만 피는 나무인 줄 알았는데
가까이 가서 보니 꽃이 핀다
잎과 꽃이 비슷해서
잎과 꽃을 겹쳐서 보니
잎은 확실히 잎이고
꽃은 확실히 꽃이다
잎은 속을 드러내면서 피고
꽃은 속을 감추면서 핀다
꽃이 꽃으로 보인다고 해서
대단한 나무가 아니듯이
꽃이 잎으로 보인다고 해서
대단하지 않은 나무가 아니다
꽃인지도 모르게 꽃피는 나무가
보는 사람을 가까이 가게 한다
잎과 꽃을 번갈아 보게 한다
잎과 꽃을 번갈아 보는 나는
꽃이 꽃으로 보이는 나무인가
꽃이 잎으로 보이는 나무인가

울컥한 날

감꽃이 핀다
꽃이 핀다는 건
물오른 나무
속이 축축하다는 것
축축한 나무가 피운 꽃은
얼마나 더 축축할 것인가
바람이 고여서
진종일 글썽대는 감꽃
감꽃 보다가
내 손톱보다 작은
고까짓 감꽃 보다가
내 안에 고인 바람이 글썽대면서
그만 울컥한 날

그늘

나무 하나 정해서
하루 중 그늘은 언제가 긴지
진하기는 언제가 진한지
다가가면서 바라보고 지나치면서 돌아본 적 있었지
그늘의 길이가 나무의 높이가 되기도 했고
때로는 나무보다 길거나 짧았지
진하기도 마찬가지였지
나무가 가진 삶의 굴곡,
구부러진 굴곡만큼이나 진하기도 했고
더 진하거나 덜 진했지
해가 가장 높이 뜬다는 정오에서 두 시 무렵
그늘은 가장 짧은 대신 가장 진했지
나를 나무에 바짝 붙어 서도록 한 건
긴 그늘이 아니라 짧고도 진한
정오에서 두 시 무렵 그늘이었지
그늘은 사람에게도 있지
모든 나무가 그늘을 갖고 살듯
모든 사람은 그늘을 갖고 살지

가지를 벌리고 선 나무처럼
양팔 가득 살아온 만큼의 잎사귀를 달고선
그늘을 축 늘어뜨리고 살지
때가 되기 전에 잎사귀 날려 보내기도 하면서
무르익기 전에 시들기도 하면서
제 속에 묻어두면 병날 것 같은 그늘
길면 긴 대로 진하면 진한 대로 드러내며 살지
이제는 나도 알지
우리 삶을 내리쬐는 해가 따가울수록 그늘은 짧고
그늘은 짧을수록 진하다는 걸
이제는 나도 알지
삶의 가지 구부러진 굴곡 마디마디
한숨처럼 새어 나온 그늘이
사람을 사람에게 바짝 붙어 서도록 한다는 걸
사람과 사람을 가장 가까이한다는 걸

꽃 몸살

꽃은
피면 핀다고 아프고
지면 진다고 아프다
손을 대 짚어 보아라
절절 끓는 이 뜨거움
꽃이 뜨거운 것이냐
손이 뜨거운 것이냐
피는 꽃 짚어 보느라
지는 꽃 짚어 보느라
몇 발짝 걷다간 멈춰 서는
뜨거운 봄날

비

그냥 비일 뿐인데
지나가는 비일 뿐인데
좀 젖었다고
소매 끝단을 접었다 펴고
살아는 있을까
이름 끝 자를 접었다 펴고

매화

꽃망울 얼마나 피었나 헤아리다가
스물 몇 알 넘어가면서 그만 놓치네
잔가지에 붙은 꽃망울이
어떤 것은 여섯 알
어떤 것은 일곱 알
가짓수 알면 대강은 알겠다 싶어
잔가지 하나둘셋 헤아리다가
스물 몇 가지 넘어가면서 또 놓치네
헤아리다 놓쳐도 좋으니
울울창창 피어나기를 바랐던
내 젊은 날 꽃망울
헤아린 꽃망울을
헤아린 잔가지를
일일이 표시해 둘 수는 없는 일
그럴 수 있다고 해도
그럴 수는 없는 일
헤아리다 놓친 꽃망울을
처음부터 헤아리네

헤아리다 놓친 잔가지를

처음부터 헤아리네

나무뿌리 계단

산길을 걷다 보면
같은 나무라도 뿌리는 높거나 낮아서
낮은 뿌리부터 밟고 오르거나
높은 뿌리부터 밟고 내려간다
얼마나 밟고 다녔는지
뿌리는 광이 날 정도로 반들거린다
잔털 하나 다치지 않은
땅 아래 고이 자란 뿌리는
어느 한 해 어느 한 날도
저런 광을 내지 못할 것이다
뿌리가 땅을 박차고 나오는
다 큰 나무에서 광이 나는 건
햇빛을 받아들여서 그렇기도 하지만
하도 밟고 다녀 반들거리는
나무의 뿌리가 있기 때문
하루가 다르게 하늘 가까이
나무를 밀어 올리는
나무뿌리 계단

내 속

땅바닥에 떨어져
그대로 터진
홍시
그 속을
말벌이 와서 덤벼들고
나비가 와서 덤벼든다
벌 나비 더 덤벼들기 전에
홍시를 집어삼킨다
터진 속을 삼키고 입 닦는
터지지 싶은
내 속

속세

너무 높이 달려서
따먹지도 못하는 감
가지를 왕창 친다
남은 가지는
나무에서 갈라지는
짧고 뭉툭한 가지 두엇
사람 손 언제든지 닿는
속세 같다

임도

봄날 기우는 해가
따가우면 얼마나 따갑겠느냐
해를 정면으로 받으며 걷는 길
산불이 나면
불은 이쪽에서 끊기리
봄꽃이 나면
꽃은 이쪽에서 끊기리
해는 기울건만
나이는 기울건만
산불 나는 마음이여
봄꽃 나는 마음이여
그 마음 끊기지 않아
숲과 숲 사이에 난 길 임도
갈 데까지 갔다가 돌아오는
해 기우는 봄날

한밤

개구리는 용하다
수십 마리 수백 마리 개구리
옆구리 붙이고 다니면서
옆 개구리 옆구리 쿡쿡 쑤셔
행동 같이하자고 신호를 보내는지
울면 한꺼번에 울고
그치면 한꺼번에 그친다
옆구리 쑤셔도 한 마리쯤 두 마리쯤
울음이 뚝 그쳐지지 않아
꺼이꺼이 계속 울어댈 만도 한데
숨이 막힐 정도로 쑤시는지
뚝 그치지 않는 개구리
한 마리도 두 마리도 없다
남 다 자는 한밤
누가 옆구리 찌르는지
이유도 없이 눈물이 난다
나야 할 때 나지 않던 눈물이
나야 할 때가 아닌데 난다

진정이 되지 않아
내 옆구리 내가 치는 밤

압화

내 몸 어딘가에 살찌는 인자가 있어
내가 피우는 꽃 통통하고 동글동글하다
꽃잎을 한 잎 따서 꾸욱 누르면 분명
진액 대신 헛바람이 빠져나갈 거야
내 생애를 부풀린 말투 같은 헛바람
그러고 보면
내 말투도 통통하고 동글동글하다
말투 어딘가에 살찌는 인자가 있어
각지지 못해 야무지지 못해
좋은 게 좋다며 어물쩍 비껴간 날들
내 생애를 꾸욱 누르면 분명
헛바람 피식피식 빠져나갈 거야
납작해질 거야 압화처럼

금목서

어디서 나는 향기인지 모를 때는
곁에 두고도 그냥 지나치더니
어디서 나는 향기인지 알고서는
일부러 다가가 숨을 들이쉰다
만 리를 간다는 만리향 향기가
숨을 참을 만큼 참은 내 안에
천리만리 천만리 무궁한 길을 낸다
향기는 만 리를 가고도
처음과 끝이 다르지 않아
변치 않겠단 약속을 해야 할 일이
내 생애 또다시 생긴다면
너를 앞에 두고 해야 할 것 같다
숨을 참을 만큼 참은 내 안에
처음과 끝이 다르지 않은 향기가
천리만리 천만리 무궁한 길을 내며
꽃봉오리 터뜨릴 듯 부풀어 오른다

여백

갑자기 머리가 텅 비어
색깔로 치면 하얗게 되는 순간이 있다
여백의 하얀 순간은 얼마나 당황스러우냐
잎이 나무를 떠나
나무로 돌아오기까지의 시간
정신이 사람을 떠나
사람에게 돌아오기까지의 시간
묵념에 들었다가 눈뜨는 시간 저마다 다르듯
자기만의 방식으로 여백의 순간을 눈감았다 뜨고
굴절되는 빛처럼 정신이 굴절돼
생각지도 못한 생의 이면
눈에는 보이지만 다가갈 수 없는 것들
다가가면 다가간 만큼 물러나는 수평선도 그러려니
생의 화선지에 한 일 자 수평선 굵게 긋고
수평선 위는 비워 둔다
갑자기 머리가 텅 비는 여백의 순간
당황스러우면서도 묵향 은은하려니
점 하나 또는 선 하나 그려 넣고도 꽉 차는

생각지도 못한 생의 이면
정신이 굴절돼야 비로소 가닿는
눈에는 보이지만 다가갈 수 없는 것들

빗방울 꽃망울

비가 나뭇가지 맺혀 꽃망울이 되었다
꽃망울이야 늘 보는 거지만
저렇게 짧게 맺혔다 떨어지는 꽃망울
언제 봤을까 어디서 봤을까
눈 깜빡거릴 사이에도
두 번 세 번 연이어 떨어지고
후드득후드득 한꺼번에 떨어진다
꽃을 품은 꽃망울은 하나같이 위를 보고
나뭇가지 가장 높이 맺혀서도
가장 멀리 맺혀서도
비를 품은 꽃망울은 하나같이 아래를 본다
맺혔다 싶으면 떨어져도
눈 깜빡거릴 사이 다시 맺히는
빗방울 꽃망울

잘린 나무

가지도 굵고 뿌리도 굵었을 나무가
가지도 잘리고 뿌리도 잘려
땅바닥에 드러누워 있다
평생을 서서 살았던 나무는
상심이 얼마나 컸을까
굴러가지 않으려고 버틴 흔적이
땅바닥 깊게 파여 있다
굴러가면서 버틴 자국에 고인 빗물
나무는 거기 뿌리의 기억을 들이대고서
한 생애 마지막일지 모를 물기를 빨아들이는지
드러누운 아래가 젖어 있다
평생을 서서 살아
비가 오면 위부터 젖던 나무가
몸에 걸친 것 다 내어주고
자기를 서게 했던 뿌리마저 내어주고서
뿌리의 기억만 남아 아래가 먼저 젖은
빗물 고인 봄날

윤슬

바다가 반짝이는 건
해와 바다 사이
아무것도 놓이지 않았기 때문
기차 끊긴 동해남부선
기찻길이 반짝이는 건
해와 기찻길 사이
아무것도 놓이지 않았기 때문
나와 당신 사이
무엇으로 가로막으려 하는가
아무것도 놓이지 않아
더 반짝이는 당신

제3부

면벽

집이 남향이라서
마루에 앉으면 나도 남향이다
집이 방향을 틀어야
나도 방향을 튼다
집이 끌어들이는 길 남쪽에서 오고
내가 끌어들이는 길 남쪽에서 온다
남쪽은 집 한 채 사두고 싶은 곳
평당 몇만 원 촌집 손질해
평생 내 집이란 데서 살고 싶은 곳
그리고 남쪽은
높아지지도 않고 불어나지도 않는 곳
더는 높아지지 않는 산이 남쪽에 있고
더는 불어나지 않는 저수지가 남쪽에 있다
산이 벽이라도 되는 것처럼
저수지가 벽이라도 되는 것처럼
지은 지 백 년이나 한 방향 가부좌
집이 남향이라서
나도 남향이다

저놈의 귀뚜라미!

귀뚜라미가 울도록 내버려두는 게 아니었다
울먹이려고 할 때
방문 열고 소리라도 버럭 질러야 했다
내버려두는 바람에
밤은 헝클어질 대로 헝클어져
방바닥에서 천장까지
이런저런 기억이 한 겹 한 겹 쌓인다
좋았던 일도 많았을 텐데
안 좋았던 일이 한 겹 한 겹 높아지고
잘했던 일도 많았을 텐데
안 잘했던 일이 한 겹 한 겹 높아진다
천장까지 쌓인 기억의 무게에 짓눌려
나는 숨이 턱턱 막히는데
귀뚜라미는 귀뚤귀뚤 우는 밤
밤이 헝클어지기 전에
내가 헝클어지기 전에
방문 열고 소리라도 버럭 질러야 했다
저놈의 귀뚜라미!

넘어진 나무

바람에 넘어진 나무를 보며
모진 바람을 탓할 것인가
약한 뿌리를 탓할 것인가
사람도 언젠가는 넘어질 나무
보지도 못하고 만지지도 못한 바람
그 바람을 탓할 것인가
뻗는다고 뻗어도 거기서 거기인 뿌리
그 뿌리를 탓할 것인가
산골집 맞은편 왕복 세 시간 숲길
넘어진 나무가 길을 막는다
몸을 낮추어 지나갈까
옆으로 비켜 지나갈까
나무일 때는 그냥 지나치던 나무가
넘어지고 나서야 나를 세운다
왕복 세 시간 숲길 같은 인생길
넘어지고 나서야 나를 세우는
한때는 나무였던 이들

빈집

방문은 열려 있어
툇마루 걸터앉아 방을 들여다본다
할머니 생전에 기거하던 방
아들딸 내외 와서 묵던 방
겨울 햇살이 손자손녀처럼 오글거린다
빈집이 햇살을 방에 들인 건
겨울 해는 낮게 떠
햇살이 문틀보다 낮기 때문
고개 숙이고 허리 숙여야
사람을 받아들이는
우리 마을 문틀 낮은 빈집
고개 숙여 방에 들어간다
할머니 빈집에
내가 해 줄 수 있는 건
사람 온기라도 보태는 것
사람 사는 집처럼
방바닥 콩콩 울려보는 것
나를 낮추지 않고는

나를 들이지 않는

똥고집 똥고집

우리 마을 문틀 낮은 빈집

남향집

여름엔 마루도 넘지 못하게 하는 햇살을
겨울엔 방까지 들이는 남향집
집에도 마음이란 것이 있어
추운 날 내 집에 온 손님
몸은 녹이고 가라고 방까지 들인다
남자 혼자 지내는 방이 궁금한지
가만히 앉아 있지 못해 햇살은
슬금슬금 마루에서 비비적대거나
슬쩍슬쩍 장판을 쓸어보는 기척이다
몸이 다 녹았을 만도 한데
그만 일어서려는 눈치라곤 없이
있을 때까지 있어 보자는 심산인 겨울 햇살
그러거나 말거나
이왕 내 집에 들인 손님
있을 때까지 있어 보라는 심산인 남향집

빈틈

각을 세워
위에서 아래로 흐르는 산물이
처음으로 평평해지는 곳
마주 보는 하늘도 평평해
둘을 포개면 빈틈이 없겠다
저수지와 하늘
그 중간에 끼인 것들
납작해져 숨도 못 쉬겠다
달아나려다 중심을 잃고
저수지 저쪽 물가 내려앉는
백로 한 마리

큰재 벚나무

큰재 여기는
유홍리 화리재 어실마을 갈라지는 고갯마루

갈라지는 어디든 갈 수 있으리
작심하고 뿌리를 박아버린 나무
꽃잎이 그 마음을 알아
유홍리 쪽으로도 날려 가고
화리재 어실마을 쪽으로도 날려 간다

나무에 매듭을 묶은 꽃잎은
속에 암술수술 꽃불 놓은 소원등
고갯마루 쉬어가는 마을사람 두엇
양손을 모아 절하고 또 절한다

도시 살다가 들어온 새댁 소원은
분명 연분홍이리
귀 쫑그려 듣고 나면
말랑한 귓불이 다 발개지리

큰재 계곡이 선뜻 가랑이 벌리는
실한 남근석 점지해 주리

하나뿐인 아들 군에 보낸 옆집 대산댁 소원은
분명 물기 촉촉하리
아침저녁 날려 보낸 생꽃잎
어서 제대하라고 노모가 연거푸 달아 주는 계급장인 양
아들 군모며 어깨에 한 잎 또 한 잎 내려앉으리

보아라
바람 불어도 꺼지지 않는 소원등 매달고
대낮에도 둘레가 환한 나무
한 생애 가장 궁금한 눈빛
그 눈빛으로 보아라
해마다 돌아오는 꽃잎의 매듭
소원을 다 들은 나무가 마음이 흔들려
봄날 한 날 또는 며칠
꽃잎은 미련 없이 매듭을 풀어 날리고

>

굽이굽이 오르막길 쉬었다 가는 고갯마루
가는 길 두 갈래 세 갈래 갈라져도
꽃잎이 날리면
갈라지는 어디든 갈 수 있기에
나무가 작심하고 뿌리를 박아버린
여기는 큰재
가장 높은 고갯마루

저수지

비스듬히 던진 돌이 풍덩 빠지자
순간의 깨달음을 얻은 물이
부처가 손가락 원을 내보이듯
수면에 원을 내보였다간 슬그머니 거둔다
슬그머니 거두는 속이 얼마나 깊은지 보려고
서너 번은 돌을 넌시는네
던지는 족족 빙긋빙긋 웃는다
들어가 보지 않으면 깊이를 알 수 없는 속을
청둥오리 들어갔다간 한참을 붙잡혔다 나오고
내가 던진 돌은 도저히 가닿지 못할 거리에서
물고기는 풍덩 해탈하는 소리를 낸다
소리 낸 물고기는 보지도 못했는데
저수지가 얼마나 크게 웃었던지
빙긋빙긋 둥근 원이 내가 선 곳까지 밀려온다

갈천저수지

햇살은 해가 쏘아대는 화살. 저수지가 과녁이다. 햇살 화살은 빗나가는 법이 없다. 저수지 정중앙 깊숙이 꽂혀 있다. 수면을 쪼아 대던 부리 길쭉한 새, 화살 맞았는지 동작을 딱 멈춘다. 바람에 떠밀려 파닥이는 저수지 수면. 파닥이는 물결 문양이 물고기 비늘이다.

넘치는 물이 물막이 보를 넘어간다. 물고기 비늘이 넘어간다. 사나흘 전 사나흘 달아서 오던 비. 건조주의보 깡그리 날려 보낸 빗물이 보를 넘어가 모내기 앞둔 들판을 적신다. 모판을 적시고 모판을 나르는 농심을 적신다. 지금 있는 곳보다 낮은 데를 찾아가는 저 물, 저 비늘. 진짜로 물고기인 줄 알고 두루미, 비늘을 쫀다. 쪼다간 머리통을 이리 갸우뚱대고 저리 갸우뚱댄다.

논 귀퉁이 물꼬로 들어왔다가 물꼬로 빠져나가는 농수. 논물이 들고 나면서 들판은 숨통이 트인다. 숨통이 트여 파릇하다. 사람들 몸, 사람들 생각 귀퉁이에도 물꼬가 있으리라. 숨통이 트이면서 사람은 파릇하게 물오르리라. 백내장 수술 받은 앞집 대실댁 눈이 어느 한순간 말짱한 거나 농사지어 봤자 돈이 되나 하다가도 종내에는 살 궁리 찾아내는 옆집 대산댁이나 우리 몸 어딘가 우리 생각 어딘가 논물 들고 나는 물꼬. 말라서 쩍쩍 갈라 터진 논바닥을, 논바닥 같은 심사를 단숨에 봉합하는 물꼬여, 숨통이여.

갈천 같은 칡 갈. 나무를 감으며 뻗어 가는 칡처럼 갈천저수지 질기고 긴 물줄기 산과 들을 감으며 뻗어 간다. 차를 세우고 가까이 가 보라. 사천평야를 휘감고 도는 저 물줄기. 절반은 갈천의 물이려니 칡즙에서 나는 향이 나리라. 사천평야 지나 진주며 부산이며 물오른 남도를 팔로 감고 다리로 감은 남강이여, 낙동강이여. 씹을수록 감치는 단맛 이 나라 유장한 칡뿌리여. 그리고 강이 모이는 바다. 갈천의 물이 마침내 가장 낮아지는 칡 이파리 푸르디푸른 한반도 바다. 이제는 눈을 감아도 보이리라. 들녘 저수지, 도시의 강, 반도의 바다 어디랄 데 없이 정중앙을 겨누는 햇살 화살. 어디랄 데 없이 햇살 맞아 반짝대는 백금빛 윤슬.

눈사람

새벽부터 내린 눈이
사람 다니는 길에도 쌓이고
차가 다니는 길에도 쌓인다
눈이 쌓인다는 건
먼저 내린 눈이
이 한겨울
제 살 얼려서
나중 내린 눈을 받아낸다는 것
눈과 눈이 제 살 에이며
함께 얼어 간다는 것
사랑도 그러려니
늘 따뜻한 것만은 아니라서
속살까지 차가워야 사랑인 사랑도 있다
차바퀴 미끄러지는 눈길
차에서 내려 함박눈을 맞는다
먼저 내린 눈이
나중 내린 눈을 받아 내며
눈사람 되어 가는 나

빗방울

가느다란 빗방울에도 무게가 있어
빗방울 맞은 나뭇잎이 휘청댄다
휘청대는 나뭇잎이 일으킨 바람이
지구를 천천히 돌려 낮에서 밤이 된다
보이는 곳에서 보이지 않는 곳으로
한 생애를 천천히 밀고 가는
무게라곤 없어 보이는 것들

언 저수지

지금 보는 게
어는 건지 녹는 건지
나면서부터 나부꼈을 나뭇잎
얼음과 얼음 사이 끼어
혹은
얼음과 물 사이 끼어
그대로 있거나
떠밀려 가거나

물에서 얼은 얼음과
얼음에서 녹은 물이
같은 건지 다른 건지
그 경계는 어딘지
하루가 가고 또 하루가 가면서
늘어나거나
줄어들거나

비 오는 밤

꽃이 꽃잎을 오므려
파고드는 비를 견딘다
비가 닿으면
꽃잎 떠는 소리
비도 마음이 쓰여서
꽃잎에 닿으면
비가 떠는 소리
저 떠는 소리에
잠들 만하면 잠 깨는
비 오는 밤

잡냄새

나 어릴 때 축농증 앓았지
어른이 된 지금도
다 나은 것 같지는 않지
내 몸은 덜 말라
걸핏하면 콧물 달고 다니지
한쪽 또는 양쪽 콧구멍 막혀
말은 못 하고 답답할 때 많지
그래도 영 안 좋기만 한 건 아니지
냄새난다고 남들 꺼리는
수육 덩어리며 고깃국
나는 아무렇지 않지
내 몸에서 나는 냄새처럼 익숙해져
별 거부감 없이 받아들이지
내 몸에서 나는 것일지도 모를 냄새
아무렇지 않게 받아들이지
어릴 때 축농증
지금도 다 낫진 않았지만
그 덕에 이 냄새 저 냄새

이러니저러니 따지지 않고 받아들이지
나 아무렇지 않게 잡냄새 되어 가지

훈수

배가 볼록한 개구리
논에서 울어 대는 소리가
쌀가마니 닮아 볼록하다
하나하나 헤아릴 엄두가 나지 않아
무게로 재는 것들
논 한 마지기에 나락이 네 가마니
개구리 소리도 네 가마니
보기만 해도 배부르다
소리만 들어도 배 볼록하다
이런 나는 이래서 싫고
저런 나는 저래서 싫어
논물에 처박고 싶은 날
쌀가마니 볼록한 개구리 소리
이런 나 저런 나
하나하나 따지는 대신
무게로 재어 보라
훈수 두는 소리

보름달

달은 수레바퀴
바퀴가 밀리지 말라고
밀려서 산 너머 굴러가지 말라고
실한 돌덩이를 받친다
달은 멈추고
내 어딘가에 돌덩이를 받친 듯
나도 멈추어
가장 둥글어지려는 달밤
이슬까지 둥글어지려는
눈물까지 둥글어지려는

등대

등대에 등을 기대고 있으면
바다에 뜬 것들이
제가 뜨려고 하는 힘만으로 뜬 게 아니라
바다가 등을 받쳐줘 떠 있단 걸 알게 된다
물렁물렁해 보이는 바다지만
물에 빠진 것을 온몸으로 떠받쳐서
가라앉지 않고 떠 있단 걸 알게 된다
등대에 등을 기대고 서 있으면
세상에 선 것들이
제가 서려고 하는 힘만으로 선 게 아니라
누군가 등을 받쳐줘 서 있단 걸 알게 된다
손을 등 뒤로 더듬어도 만져지진 않지만
등 구부러진 생애를 온몸으로 떠받쳐서
반듯하게 서 있단 걸 알게 된다
단 하루도 제 한 몸 편히 드러누운 적 없이
기대는 사람 다 받아주는 등대
등대에 기대고 서 있으면
이 세상에 나만 아픈 게 아니란 걸 알게 된다

나도 누군가에겐
등대여야 한다는 걸 알게 된다

지구는 둥글까

지구는 둥글어서
그 끝이 없다고들 하지만
끝에서 추락하는 일이 없다고들 하지만
꼭 그런 것 같지는 않다
어느 날 갑자기 소식 끊긴 사람들
소식을 끊고 사는 사람들
어쩌면 이 지구에
내가 모르는 막다른 곳이 있어서
천 길 절벽 아래로 떠밀린 것이 아닐까
아니면 그 반대로
막다른 곳에서 내가 떠밀려
그들과 소식 끊긴 것은 아닐까
꿈에서 둥근 지구본 굴리다가
꿈을 깨면서 잠까지 깨어
기분 뒤숭숭한 새벽

제4부

낙동강

나는 한 방울도 보태지 않았건만
강물은 가장 낮은 데를 향해
앞에서 끌고 뒤에서 밀며 나아간다
나 아닌 누군가가
나 이전에 그리고 나 이후에
이루었고 이루어 나갈 지극한 심성이다
강가 버들은 강물의 심성을 빼닮아 잎이란 잎
위로 쳐드는 대신 아래로 낮춘다
강에 비친 잎은
강물을 따라 낮은 데로 흘러가고
몸이 무거운 나는
흘러가는 대신 강가를 밟고 섰다
청둥오리 몇
다가오다 고개 갸웃거리며 멀어지고
멀찍이 떨어진 저녁 해는
서둘러 산 너머 넘어간다
내 앞에서 그리고 내 뒤에서
강에 물들고 버들에 물든 푸른 바람이 분다

지독한 통증

주먹을 쥐어야 할 만큼
통증이 지독하다는 건
살아있다는 증거
그래서 통증은
산 자만의 두근거림
지독할수록
더 가빠지는 두근거림
일분일초도 가라앉지 않는
너에 대한 나의
지독한 통증

우물

깊으면 얼마나 깊겠나 싶다가도
길어 올리면 길어 올린 만큼 채워지는
그 깊이를 모를 속
맑으면 얼마나 맑겠나 싶다가도
길어 올리기 전이나 길어 올린 후나
바닥까지 다 보이는 사랑

총소리

쉰 나이 넘도록
세상에 대고
총 한 방 쏘아보지 못했네
손가락에 걸고
방아쇠 한번 당겨보지 못했네
표적은 늘 멀고 손은 떨려
서른에도 마흔에도 나는 알고 있었네
눈을 가늘게 뜨고 정조준한다 해서
표적 중앙이 맞춰지는 게 아님을
중앙 근처 맞추는 것은
어쩌다 요행이란 것을
잠들기 전에도 잠들고 나서도
세상 여기저기서 쏘아대는
탕탕탕 총소리
나를 앞뒤로 관통하는데
내 생애를 꿰뚫고 지나가는데
쉰 나이 넘도록
세상을 쏘아보지 못했네

내 손가락에

세상을 걸어보지 못했네

밑창

아무렇게나 벗어 던진 신발
가지런히 놓으면서 밑창을 본다
걸을 때 힘이 한쪽으로 쏠리는지
닳은 데는 너무 닳아 속이 드러난다
나는 내가 걷는 것을 보지 못해
한쪽으로 기울어져 걷는 걸 모르고 살아왔고
신발은 한 걸음도 놓치지 않고 새겨두었다
힘이 한쪽으로 쏠려
걸을 때마다 내 생애는 기우뚱거렸고
그런 나를 받치느라
닳은 데는 너무 닳아 속이 드러난 신발
가지런히 놓으면서 먼지를 턴다
반들반들하게 닳은 밑창은 먼지가 나는 대신
맑은 소리만 연이어 난다

우리는 하나

서울에 뜬 해가
평양에 뜬 해이듯이
서울이 아침 아홉 시면
평양도 아침 아홉 시듯이
함경도 북청 피난민 울 아버지
살아생전 억양은 세었지만
알아듣지 못한 말 하나도 없었듯이

삼팔선

한반도를 눕혀두지 말고 세워서
삼팔선이 허리띠가 되게 하면 어떨까
바지를 벗거나 잠잘 때
누가 시키지 않아도 스스로 허리띠 풀듯
이북이 고향인 아버지 생전에
피난 온 햇수 세며 기다리던 날 오지 않겠는가
오래 쓴 허리띠는 구멍이 헐거우려니
한반도 꽉 죄던 허리띠
구멍이 헐거워 저절로 풀리는 날 오지 않겠는가
나는 한반도의 맨 남쪽
한반도 맨 북쪽에 있을 누군가여
나는 들기 좋게 발판을 누르마
너는 용 써서 머리통을 들어라
한반도를 눕혀두지 말고 번쩍 세우면
삼팔선은 허리띠가 되어
누가 시키지 않아도 스스로 푸는 날 오지 않겠는가
구멍이 헐거워 저절로 풀리는 날 오지 않겠는가

산 그림자

저수지에 비친 산 그림자
물이 줄어도 줄어들지 않는다
산에도 앉았다 가고
산 그림자에도 앉았다 가는
날개가 긴 새
산이 넉넉해서
그림자도 넉넉하다
저 산 어디쯤
저 그림자 어디쯤
줄어도 줄어들지 않는
십 년 전 이십 년 전
손때 묻은 나무
손때 묻은 기억
높고 멀어서
내가 있는 쪽으로
더 가까운
더 넉넉한

동해물

새벽 다섯 시 직전
라디오에서 애국가가 나온다
겨우 들던 잠이
동해 물과 백두산 우렁차게 나오면서 달아난다
애국가 불러본 게 언제였나
가물거려도 난생처음 부른 날은 기억난다
초등학교 애국가 첫 시간
풍금 한 소절 따라 부르기 한 소절
동으로 시작하는 동해물이
성씨가 같은 집안사람인 줄 알고 자랑스러웠지
학교에서 배운 노래 맨 앞에 나오는 집안사람 동해물
집에선 아무도 모를 거야
얼른 가서 알려 주고 싶었지
내 말 듣고 놀란 표정 크게 짓던 식구들
애국가 첫 시간에서 아득하게 멀리 온 지금
사람이 사람에게서 멀어지는 분명한 길 택해
나에게서 아득하게 멀어진
아버지, 엄마, 청산이 큰형

새벽 애국가 동해물로 강림해
겨우 들던 잠을 깨운다
아버지, 엄마, 청산이 큰형
처음에서 멀어질 대로 멀어진 나
그리고, 가까웠으나 지금은 지워진 이들
잊은 건 아니나 잊고 지낸 기억을 들추는
4절이나 되는 노래 맨 앞
집안사람 동해물

길천등대

나는 끝
뜨거웠던 생애의 중반
나는 내가 세상의 중심이라 여겼으나
지금은 끝
더는 밀려날 데 없는 세상의 끝
그러나 끝에 이르러
비로소 중심이 되었으니
내가 이른 곳은
육지와 바다 한가운데
그리고
육지에선 가장 낮고
바다에선 가장 높은 곳
그리하여 나는 중심이다
깃발 같은 등불 펄럭이며
가장 낮아서
가장 높아진

돌꽃

화를 삭인다는 건
속에 종양이 찬다는 것
삭이면 삭일수록
딴딴해지는 종양
화를 얼마나 삭였으면
종유석 동굴
돌이 된 종양
또 얼마나 삭였으면
종양에서 꽃은 나는가
맨바닥 좌정한
저 돌꽃

통영 바다

새벽 어시장에 가보았지
활어도
이제 막 죽은 고기도
저마다 자기의 값을 갖고 있었지
살아온 날만큼의 무게를 갖고 있었지

바다에서 굴을 건어 올리고
건어 올린 굴을 까서 살아가는 사람들을
겨울 바다에서 만나 보았지
얼굴에 패인 주름살
마음에 패인 주름살
나는 보았지
굴 껍데기 주름이 굵을수록
속에 든 것도 굵다는 것을
패인 주름의 결이 깊을수록
살아온 날의 결도 깊다는 것을

통영 바다에 해가 지고 있었지

해는 빨갰지
지는 해를 심호흡해서 들이켰지
나도 빨개지기를 바랐지
내가 살아온 가볍고 얕은 날들
그날들에 미안해서
정말로 미안해서
얼굴 빨개지기를 바랐지
마음 빨개지기를 바랐지

곧거나 굽은

곧거나 굽은 능선을
올라가기도 하며 내려가기도 하며
내쉬는 숨 들이쉬는 숨
숨도 곧거나 굽는다
능선에서 맞닥뜨린 돌탑
틈이 받치는 힘으로 쌓아 올린
곧기도 하고 굽기도 한 돌탑
돌과 돌 그 틈으로 빨려드는
곧거나 굽은 숨
나는 얼마만큼 틈이 있어야
틈의 힘으로 나를 쌓아올릴 것인가
얼마만큼 틈을 벌려야
내가 그 틈으로 빨려들어
탑이 될 것인가
곧으면 곧은 대로
굽으면 굽은 대로

풍경 소리

바람이 다가오는 소리 들으려고
처마 끝에 풍경을 매답니다
당신이 다가오는 소리 들으려고
마음 끝에 풍경을 매답니다
소리가 들리면 어디에서 나는 소리일까
내심 기대하며 귀를 모읍니다
처마는 멀고 마음은 가까워도
소리는 매번 멀리서 납니다
아직은 뭐라 말 못 하겠습니다
두근대는 일 없이 잔잔한 게 좋은지
풍경이 왼쪽으로 돌면 왼쪽으로 두근대고
오른쪽으로 돌면 오른쪽으로 두근대는 게 좋은지
가끔은 소리가 들리지 않아도 귀를 모읍니다
소리가 들리면 들려서 두근대고
들리지 않으면 들리지 않아서 두근댑니다
처마는 멀고 마음은 가까워도
소리는 매번 멀리서 납니다

등

등은 널찍한데도
하필이면
손 닿지 않는 데만 가려울까
가장 가까우면서
가장 먼 내 몸 한구석
뻗을 대로 뻗어도
가닿지 못하는 몸아
사랑은 널따란데도
하필이면
손 닿지 않는 데만 간절할까
가장 가까우면서
가장 먼 내 마음 한구석
뻗을 대로 뻗어도
가닿지 못하는 마음아

송창식

잡음 많았던 이십 대와 삼십 대. 그 길을 닮아 뭉툭한 바늘이 따라가네. 따라가다 보면 한순간 막다른 길이네. 늘 그랬네. 튀며 헛돌며 따라다닌 한 세월 먼지가 뽀야네. 뒤를 봐도 앞을 봐도 휘어져 막막하던 이십 대와 삼십 대. 그 길을 닮아 뭉툭한 바늘이 따라가네. 튀며 헛돌며 잡음 많던 한 세월 울리며 가네.

편법

감나무 가지가 갈라지는 언저리에
사람이 만든 새집을 매달아 두었는데요
새가 들었다간 나가고 들었다간 나갑니다
사람의 냄새가 새의 예민한 후각을 건드려
알 낳고 새끼 키우기가 께름칙한가 봅니다
그런 것도 모르고
사각 반듯하게 모양을 내고
머리 내미는 구멍까지 내었습니다
새의 처지에서 보면 왜 저러나 싶겠지요
감나무도 죽을 맛이겠지요
안 그래도 이고 진 게 많은데
사람이 매단 새집은 나무를 더 무겁게 했겠지요
새집 구멍도 기가 차는지
동그라질 대로 동그라져서는
새집 쳐다보는 사람을 빤히 쳐다봅니다

해설

내밀(內密)과 외화(外華) 사이에서

—동길산의 시세계

백인덕(시인)

1.

어디에 방점을 찍을까? '내밀과 외화'. 경계는 무한히 얇은 '막'이어서 평소에는 잘 눈에 띄지 않는다. 그래서 아무렇지 않게 무시할 수도 있지만 정작 걷어내려고 들면 갑자기 넓어지고 끈끈해져 뜯어낼 수도, 지워버릴 수도 없게 된다. 생명현상은 다 그런 것일지도 모른다. '나'라는 존재도 결국은 투명한 막으로 둘러싸인 세포들의 결합, 복잡한 경로에서 생성하고 되먹임 하는 힘(에너지)의 외재화(外在化)에 불과하다. 발생 → 생장(쇠퇴) → 소멸이라는 불가역적인 생의 경로는 '시—공간' 안에, 아니 시공간 그 자체인 우리의 삶의 본질이다. 그러므로 내밀해진다는 것은 결국 쇠퇴하는 현상의 다른 말이고, 외화한다는 것은 스스로 비어간다는 것의 가시적 표지일 뿐이다. 어느 쪽으로 기울어도 시적 지향이기에 탓할 수는 없지만, 이번 시집을 읽기 위한 방점은 결국 '사이'에 찍을 수밖에 없다.

동길산 시인에게 사이는 먼저 '거리(감)'을 통해 드러난다. 하지만 이 거리는 물리적 척도 이상의 의미를 함축하면서 상황과 양태에 따라 지향점을 달리한다.

옥편에는 自란 한자가
애초 사람 코를 뜻했다지만
그게 다는 아닐 것이다
새의 깃털과 사람 눈이 맞닿을 만큼 가까워도
새는 달아나지 않고
사람은 붙잡지 않는
자연 그대로를 말한 한자는 아니었을까
손바닥에 땅콩을 놓을 때마다
낚아채는 새를 TV에서 보며
새의 깃털과 사람 눈이 저렇게도 가까워지는구나
한자를 처음 만들던 그때나
컬러TV가 나오는 지금이나
자연 아닌 데가 없는데
나는 멀어도 한참은 멀었구나

손바닥에 놓인 땅콩을 낚아채기는커녕
다가가기만 하면 달아나
나이 쉰이 넘도록
나는 근처도 가보지 못한 自然

—「자연(自然)」 전문

이 시는 단편적 기억과 일상의 체험 편린(片鱗)을 주축으로 하면서도 명료한 전언을 향한 배치를 통해 작품의 의미를 극대화한다. “옥편에는 自란 한자가/애초 사람 코를 뜻했다”는 학습된 기억 조각이다. 여기에 “그게 다는 아닐 것이다”라는 시인의 의문, 또는 바람을 덧대 새로운 해자(解字)를 시도한다. 自를 새(鳥)와 눈(目)의 관계로 보는 것이다. 물론 이런 시도는 언젠가 TV에서 본 장면을 새롭게 해석하는 것과도 결부되어 있다. 시인은 “새의 깃털과 사람 눈이 맞닿을 만큼 가까워도/새는 달아나지 않고/사람은 붙잡지 않는” 상태를 ‘자연’이라 칭하고 싶어 한다. 관계에서 집착이나 비약이 없는 ‘날것’ 그대로를 긍정하면서 상호 인정하기—받기를, 그렇게 되기를 꿈꾸는 것이다. 하지만 이 시도는 “나는 멀어도 한참은 멀었구나”라는 탄식으로 끝나버린다. 따라서 “나이 쉰이 넘도록/나는 근처도 가보지 못”했다는 시인의 자탄은 당연하면서도 비감하다.

왜 그럴까, 다가가기만 하면 새는 달아나나. 시인은 이미 그 이유를 잘 알고 있다. 다른 작품, 「나는 왜」에서 "새는 어디서 죽는 걸까/어디서 죽길래/내 눈에는 산 새만 보이는 걸까/생각하고 또 생각해도/산 새만큼 죽은 새도 많을 텐데/나는 왜 죽은 새는 보지 못하는 걸까"라는 탄식에 이유와 대답이 함께 암시되어 있기 때문이다. 소멸(죽음)은 한계 상황 전체를 다 더한 것보다 크고 무거운 단독적이고 최종적인 사건이다. 함께한다고 하지만, 참여는 상상으로나 가능할 뿐 그 누구도 사건을 공동으로 영위할 수 없다. 그렇기에 상상적 참여를 통해, 아니 소멸을 상상함으로써 주체의 완전한 타자가 될 수 있다. 시인은 새의 소멸을 "허공을 부단히 파고들어선/갈라진 허공 양쪽을 스스로 여며/그 안에 꼭꼭 숨는구나"라고 상상한다. 이 상상은 허공을 새의 무덤으로 만들어 텅 빈 것 같은 허공을 올려볼 때마다 새들의 묘혈을 떠올리게 한다는 점에서 매우 성공한 이미지지만, 나아가 "멀리서 보면 소멸하기 직전의 아득한 이곳"이라는 인식 전환을 이룩하는 바탕이라는 점에 더 큰 의미가 있다. '여기'는 항상 우리가 주무한다고 믿는 생활과 희망이 펼쳐지는 자리지만 좀 더 '멀리서 보면' 소멸하기 직전, 꺼지기 직전의 불꽃이 마지막으로 이글대는 찰나일지도 모른다. 그래서 "잎 다 떨군 가지 붙들고/새는 숨넘어갈 듯 오열해대는" 것인데, 그 오열은 자기(새) 소멸 때문이 아니라 바라보는 '나'의 소멸을 새가 이미 보았기 때문일 수도 있다.

사람이 보는 것보다
더 높은 데서 보고
사람이 보는 것보다
더 멀리 보는 새
새 우는 소리가
어쩌다 한번
아주 어쩌다 한번
참고 참다 어쩌다 한번 우는 사람에게 스민다
살아가는 하루하루가
어둠과 밝음
그 경계인 사람에게 스민다
스며들어 경계를 콕콕콕 쫀다
새 우는 소리가
끈끈한 거미줄을 뚫고 지상에 닿는
컴컴한 거미줄을 지나 지상에 닿는
이 세상 모든 새벽
이 세상 모든 경계

—「새는 왜 우는가」 부분

새는 울음으로 자신을 증명한다. 새 아침에 아직 존재함을 사방에 고지(告知)한다. 사람은 이와 달라서 맞이하는 모든 새 아침을 당연한 것으로 치부하기 십상이다. 하지만 시인은 최

소한 '하루의 무게'를 다르게 인식한다. (이에 관해서는 뒤에 언급할 것이다.) 이는 새의 울음을 통해 환기한 것이라고 할 수 있다. 이를 위해 시인은 '비인간'이기를 서슴지 않는다. "손가락 하나 까닥하지 않겠네/눈이 마주친 새가 마음을 놓을 때까지/나무처럼 있겠네/나무에 딸린 가지처럼 있겠네/참다가 참다가 삼십 분 다 돼서/목울대 다 보이게 말을 붙이는 새처럼/나도 목울대 다 보이며 말 붙이고 싶"(「비인간」)어 한다. '목울대'는 말이 나오는 통로이면서 동시에 속을 들여다볼 수 있는 경로다. 서로의 속(내면)을 마주서서 드러낼 때, 혼융(混融)까지는 아니더라도 경계는 약화될 수밖에 없다. 시인은 비인간이 되는 것을 감수하고서라도 그렇게 새와 흉금을 트고 싶어 한다. 왜냐하면 사람보다 "더 높은 데서 보고", "더 멀리 보는 새"와 섞이고 싶기 때문이다. 사람은 "살아가는 하루하루가/어둠과 밝음/그 경계"인 존재이지만 아침에 우는 새는 그 소리로 "이 세상 모든 새벽/이 세상 모든 경계"를 '콕콕콕' 쪼기 때문이다. 제 울음이 퍼지도록 구멍을 내기 때문이다. 사람마다 숨통을 틔우라고 아침을 깨우기 때문이다.

2.

자유롭게 비상하고 이동하는 '새'의 상징적 대척점에 뿌리박힌 존재로서 '나무'가 있다. 하지만 이 부동성은 굳이 '생명수'를 언급하지 않더라도 항상 부정적인 의미를 드러내는 것은 아니다. 지금이 아무리 유목의 정신을 강조하는 시대라 해도, 대부분 발이 묶였다(일상성)는 의미에서 정착민일 수밖에 없는 현실에서는 더욱 그렇다.

동길산 시인에게 나무는 어둠과 밝음의 경계인 새벽보다 확실하게 경계를 표상하는 대상이다. 그 이유는 시간의 흐름인 새벽이 순환성에도 불구하고 한 방향만을 지시하는 데 반해 나무는 형과 질, 외형과 내부의 변화를 한자리에서 보여주기 때문이다.

사람의 하루는
나무의 한평생보다 결코 가볍지 않다
나무는 아무리 껴안아도
사람이 따뜻해지지 않지만
사람은 껴안는 즉시
사람이 가진 온기가 전해진다
속살 딴딴한 나무는 더디게 자란다
나무는 더디게라도 자라지만
어느 시기 지나면 자라지 않는 사람은
그 속살이 얼마나 딴딴할 것인가
나무의 한평생도 장하지만
나무만큼이나 장한

사람의 하루

—「사람의 하루」 부분

어처구니없는(산술적으로) 비교지만 시는 종종 이런 어처구니없음을 통해 성장한다. 공감할 수 있는 근거만 있으면 된다. 시인은 '사람의 하루'가 "나무의 한평생보다 결코 가볍지 않다"고 주장한다. 왜냐하면 사람끼리는 온기를 전할 수 있지만 나무는 그것이 더디거나 불가능하고, 속살 딴딴한 나무는 더디게라도 자라지만 사람은 어느 시점 성장을 멈추기에 그 속이 더 딴딴할 것이라는 판단 때문이다.

이번 시집을 일별하면 나무는 새가 깃든 거처로서 긍정적 가치를 드러내기도 하지만, 대체로 우람한 아름드리로는 특별한 의미를 생성하지 못한다. 가령 「나무뿌리 계단」에서는 "뿌리가 땅을 박차고 나오는/다 큰 나무에서 광이 나는 건/햇빛을 받아들여서 그렇기도 하지만/하도 밟고 다녀 반들거리는/나무의 뿌리가 있기 때문"이라고 한다. 또, 「큰재 벚나무」에서는 "굽이굽이 오르막길 쉬었다 가는 고갯마루/가는 길 두 갈래 세 갈래 갈라져도/꽃잎이 날리면/갈라지는 어디든 갈 수 있기에/나무가 작심하고 뿌리를 박아버"렸다고 한다. 나무 자체가 아니라 계절 따라 흩날리는 꽃잎 때문에 갈래 길에 선 나무가 상기되는 것이다.

시인은 뿌리에서 줄기, 가지에서 잎으로 이어지는 종적 연

대의 총화인 '나무'보다 나무의 외화가 극한에 닿아 발생하는 사건들, 즉 낙화나 잎이 지는 형상과 그 평등성에 더 주목하는 것처럼 보인다. "나무에 있을 때는 높이가 다 다르던 꽃잎이/나무를 버리면서 같은 높이가 되어/강물이 서면 함께 서"(「강물 벚꽃」)는 모습은 애잔함을 너머 일종의 평온함을 불러일으킨다.

마를 대로 마르고
얇을 대로 얇아서
가장 가벼워진 잎이 아니었을까
한 생애 가졌던 무게를 버릴 만큼 버려
잎 떨어져 부딪치는 데가
덜 아프기를 바란 게 아닐까
나무가 헐거워지는 날
아무리 많은 잎이 떨어져도
잎끝 하나 다치지 않고
부딪치는 소리 한번 들리지 않는다
나는 도저히 따라 하지 못할
잎들의 낙법

—「낙법」 부분

꽃이나 잎이 떨어지는 것을 소재로 했음에도 이런 작품에서 오히려 일종의 평온함을 느끼게 되는 것은 새를 대상으로 했을 때보다 '소멸'이 보다 체화(體化) 되기 때문이다. 다시 말하면 나무가 결국 자연이고자 하는 시인의 자아를 표상하는 일의적 이미지라는 것이다.

하지만 시인의 의도는 나무의 내밀을 통해 한 인간의 내적 충실, 시인의 표현을 빌자면 "속살 딴딴함"을 노래하고자 하는 것이 아니다. 이는 「넘어진 나무」의 "나무일 때는 그냥 지나치던 나무가/넘어지고 나서야 나를 세운다/왕복 세 시간 숲길 같은 인생길/넘어지고 나서야 나를 세우는/한때는 나무였던 이들"이라는 부분에서 확인된다. 그 종국은 다음처럼 이어진다.

그늘은 사람에게도 있지
모든 나무가 그늘을 갖고 살듯
모든 사람은 그늘을 갖고 살지
가지를 벌리고 선 나무처럼
양팔 가득 살아온 만큼의 잎사귀를 달고선
그늘을 축 늘어뜨리고 살지
때가 되기도 전에 잎사귀 날려 보내기도 하면서
무르익기도 전에 시들기도 하면서
제 속에 묻어두면 병날 것 같은 그늘
길면 긴 대로 진하면 진한 대로 드러내며 살지

이제는 나도 알지
우리 삶을 내리쬐는 해가 따가울수록 그늘은 짧고
그늘은 짧을수록 진하다는 걸
이제는 나도 알지
삶의 가지 구부러진 굴곡 마디마디
한숨처럼 새어 나온 그늘이
사람을 사람에게 바짝 붙어 서도록 한다는 걸
사람과 사람을 가장 가까이한다는 걸

—「그늘」 부분

새는 재빠르게 제 그림자마저 거둬가 버린다. 반면 마당 한 구석에 세워둔 나무는 해의 방향에 따라 얼굴을 돌리거나 가지를 흔들어대지도 못하면서, 그 숙명을 견딘다. 오랜 관찰 끝에 시인은 "모든 나무가 그늘을 갖고 살듯/모든 사람은 그늘을 갖고 살지"라는 일반 정의에 도달한다. "가지를 벌리고 선 나무처럼/양팔 가득 살아온 만큼의 잎사귀를 달고선/그늘을 축 늘어"뜨린 사람, 혹은 자아의 모습에서 시인은 드디어 '앎'을 말한다. 해의 변화와 삶의 가지의 굴곡이 결국은 "사람을 사람에게 바짝 붙어 서도록 한다는 걸/사람과 사람을 가장 가까이한다는 걸" 말이다.

3.

어떻게 읽었나, 애써 찍은 방점을 비껴 나변(那邊)에서 길을 잃었을지도 모른다. 나무와 새, 내밀과 외화는 동전의 양면이 아니다. 이 양면성은 불가분이지만 그만큼 거리를 확장할 수도 축소할 수도 없다. 사이가 거리로 고정되는 모든 현상은 역으로 우리의 소멸(죽음)을 가속화한다. 생이란 전체적으로는 통증이지만 순간으로 나누면 환희이다. 물론 그 역일 수도 있다. 어차피 힘은 한쪽으로 쏠릴 수밖에 없음을 시인은 낯익은 사물을 통해 그려낸다. "닳은 데는 너무 닳아 속이 드러난다/나는 내가 걷는 것을 보지 못해/한쪽으로 기울어져 걷는 걸 모르고 살아왔고/신발은 한 걸음도 놓치지 않고 새겨두었다/힘이 한쪽으로 쏠려/걸을 때마다 내 생애는 기우뚱거렸고/그런 나를 받치느라/닳은 데는 너무 닳아 속이 드러난 신발"(「밑창」)은 보행이라는 기본적인 행위에서마저 우리가 균등하게 힘을 배분할 수 없었음을 반증한다. 그래서 가끔은 "주먹을 쥐어야 할 만큼/통증이 지독하다는 건/살아있다는 증거/그래서 통증은/산 자만의 두근거림"(「지독한 통증」)이라는 날카로운 인식이 깨어나기도 한다.

동길산 시인은 '사이'의 존재를 관계를 통해 유추하면서 자기 정위(定位)를 조정하는 방식으로 드러낸다. 가령, 같은 소리를 위상으로 착각한 것으로 그린 「동해물」이나 방향에 기대 의미를 부여한 「남향집」 등을 예로 들 수 있다.

방문은 열려 있어
툇마루 걸터앉아 방을 들여다본다
할머니 생전에 기거하던 방
아들딸 내외 와서 묵던 방
겨울 햇살이 손자손녀처럼 오글거린다
빈집이 햇살을 방에 들인 건
겨울 해는 낮게 떠
햇살이 문틀보다 낮기 때문
고개 숙이고 허리 숙여야
사람을 받아들이는
우리 마을 문틀 낮은 빈집
고개 숙여 방에 들어간다
할머니 빈집에
내가 해줄 수 있는 건
사람 온기라도 보태는 것
사람 사는 집처럼
방바닥 콩콩 울려보는 것
나를 낮추지 않고는
나를 들이지 않는
똥고집 똥고집
우리 마을 문틀 낮은 빈집

―「빈집」 전문

이 집은 시인이 찾아들기 전까지 '빈집'이었다. 아니 그것은 겉치레다. 적막으로 가득 찬 비밀의 공간이었을 것이다. 시인은 세 시간을 걷는 숲길이 있는 마을의 주민이기에 이 집을 방문할 권리가 있을지도 모른다. 그러나 그것은 확인되지 않는다. 다만 햇살은 높낮이를 바꿔 사계절 내내 이 집을 드나들었을 것이다. 그래서 겨울날 햇빛은 반짝였을 것이고, 시인은 그 햇살에 이끌려 들어갔을 것이다. 하지만 시인은 순간 깨닫는다. 이 집은 "고개 숙이고 허리 숙여야/사람을 받아들이는" 말 그대로 '문틀 낮은 집'이라는 것을. 시인은 여기서 또 한 번 "나를 낮추지 않고는/나를 들이지 않는" 완고한 문을 만난다. 사이란 어쩌면 무수한 이런 문들 틈에서 이 문과 저 문을 기웃대는 것일지도 모른다. 설사 그렇다 한들 그마저도 한 외형일 뿐이다. 새의 비행경로만큼, 나무가 벌리는 팔의 양상만큼 사이는 질리도록 무한하다.

비스듬히 던진 돌이 풍덩 빠지자
순간의 깨달음을 얻은 물이
부처가 손가락 원을 내보이듯
수면에 원을 내보였다간 슬그머니 거둔다
슬그머니 거두는 속이 얼마나 깊은지 보려고
서너 번은 돌을 던지는데
던지는 족족 빙긋빙긋 웃는다

들어가 보지 않으면 깊이를 알 수 없는 속을
청둥오리 들어갔다간 한참을 붙잡혔다 나오고
내가 던진 돌은 도저히 가닿지 못할 거리에서
물고기는 풍덩 해탈하는 소리를 낸다
소리 낸 물고기는 보지도 못했는데
저수지가 얼마나 크게 웃었던지
빙긋빙긋 둥근 원이 내가 선 곳까지 밀려온다

―「저수지」 전문

고인 물(저수지)마저 돌멩이를 만나 순간의 깨달음을 내보인다. 청둥오리는 청둥오리대로, 물고기는 물고기의 방식으로 "들어가 보지 않으면 깊이를 알 수 없는 속"을 보이지 않는 자기 몸짓으로 표현하고 풀어낸다. 시인은 물고기가 해탈하는 소리를 들은 뒤 "저수지가 얼마나 크게 웃었던지/빙긋빙긋 둥근 원이 내가 선 곳까지 밀려온다"고 했다. 아니 그 원에 닿았을 것이다. 그러므로 시인은, 시인의 시작(詩作)은 그 울림과 파장과 더불어 생의 미진(微震)을 일으킬 것을 마다하지 않을 것이다.

이 도서의 국립중앙도서관 출판시도서목록(CIP)은 서지정보유통지원시스템 홈페이지(http://seoji.nl.go.kr)와 국가자료공동목록시스템(http://www.nl.go.kr/kolisnet)에서 이용하실 수 있습니다.(CIP제어번호: CIP2019010093)

시인동네 시인선 106

꽃이 지면 꽃만 슬프랴

초판 1쇄 인쇄 2019년 4월 1일
초판 1쇄 발행 2019년 4월 8일
지은이 동길산
펴낸이 고영
책임편집 서윤후
디자인 헤이존
펴낸곳 문학의전당
출판등록 제2017-000002호
주소 서울시 마포구 마포대로 11길 91, 3층
전화 02-852-1977 팩스 02-852-1978
전자우편 sbpoem@naver.com

ISBN 979-11-5896-416-0 03810

* 이 시집은 2019 부산광역시, 부산문화재단 지역문화예술특성화지원사업 지원으로 제작되었습니다.

부산문화재단
BUSAN CULTURAL FOUNDATION

시인동네 시인선 106

동길산 시집

꽃이 지면 꽃만 슬프랴

시인동네

꽃이 지면 꽃만 슬프랴

동길산 시집